Moshi Moshi Kawaii™
Où est Moshi Fraise ?

LES LIVRES DU DRAGON D'OR

Kawaii

mis.

À première vue, ils se ressemblent tous.
Mais, en les regardant mieux, ils sont différents. D'autant qu'ils adorent adopter de nouveaux déguisements.

Moshi Cerise

La bande de Moshi Cerise

oshi Carreau

La bande de Moshi Carreau

oshi Doudou

La bande de Moshi Doudou

Moshi Chinois

La bande de Moshi Chinois

Moshi Bolide

La bande de Moshi Bolide

Moshi Robot

La bande de Moshi Robot

Moshi Avion

La bande de Moshi Avion

Moshi Fusée

La bande de Moshi Fusée

Moshi Bus

La bande de Moshi Bus

Moshi Ambulance

La bande de Moshi Ambulance

Moshi Blessé

La bande de Moshi Blessé

Moshi Fleur

La bande de Moshi Fleur

Moshi Maternelle

La bande de Moshi Maternelle

Moshi Lycéenne

La bande de Moshi Lycéenne

Moshi Arabesque

La bande de Moshi Arabesque

Moshi Girafe

La bande de Moshi Girafe

Moshi Hérisson

La bande de Moshi Hérisson

Moshi Luciole

La bande de Moshi Luciole

Moshi Poisson

La bande de Moshi Poisson

Moshi Panda

La bande de Moshi Panda

La **Cité des Moshi Moshi Kawaii** est un univers merveilleux où vivent tous les Moshi. Les Moshi Moshi Kawaii sont nombreux et ils aiment s'amuser. **Moshi Fraise** est passionnée de mode, et adore changer de tenue, comme tous les Moshi.

Moshi Fraise

COMMENT JOUER ?

Moshi Super

Au fil des pages, **Moshi Fraise** est à la recherche de **Moshi Super**, celui qu'elle préfère entre tous. Dans chaque scène, il te faudra trouver **Moshi Fraise** et **Moshi Super**, ainsi que d'autres Moshi. Attention, certains Moshi se ressemblent beaucoup ! Des petits commentaires te mettront sur la voie...

Tu iras ainsi de découverte en découverte, dans un monde magique et espiègle, plein de petits amis tout mignons qui seront heureux de jouer avec toi.

Les Livres du Dragon d'Or
60 rue Mazarine, 75006 Paris.

Loi n°49-956 du 16 juillet 1949
sur les publications destinées à la jeunesse.
ISBN 978-2-87881-351-7. Dépôt légal : septembre 2007.
Imprimé en Italie par Ercom.

Voici la garde-robe de **Moshi Fraise**. Elle doit se préparer et choisir sa tenue pour sortir. Peux-tu l'aider à trouver son costume préféré, celui avec les **fraises** ?

Où est son costume préféré ?

Moshi Fraise arrive dans la **Forêt des Champignons**. Elle cherche **Moshi Super**, son Moshi préféré, mais il est encore loin !

Où est **Moshi Fraise** ?

Où est **Moshi Super** ?

Cherche aussi d'autres Moshi !

Moshi Fleurs de Cerisier, aurais-tu trop mangé ?

Moshi Vert, pourquoi es-tu fâché ?

Vous volez en parfaite harmonie, **Moshi Abeilles** !

Attention, **Moshi Tache**, on te guette…

Où vas-tu avec ta bouée, **Moshi Aloha**?

Moshi Fraise n'a pas trouvé **Moshi Super** dans la forêt, aussi part-elle à sa recherche sur la **Mer des Sirènes**.

Où est **Moshi Fraise** ?

Où est **Moshi Super** ?

Cherche aussi d'autres Moshi !

Tu adores le bruit des vagues n'est-ce-pas, **Moshi Sirène** ?

Moshi Sous-Marin que regardes-tu ?

Tu nages comme un poisson, **Moshi Bébé** !

Que de belles surprises dans la mer, **Moshi Ananas** !

Où vas-tu sur ta planche, **Moshi Arc-en-Ciel** ?

Soudain, un Moshi géant émerge...
– Bonjour ! Je suis **Moshi Labyrinthe**. En me traversant, tu arriveras soit dans un lieu merveilleux, soit dans un endroit effrayant. Alors, bonne chance !

Prends le départ et traverse le labyrinthe. Arriveras-tu au Parc des Délices ?

Hourra ! Voici le **Parc des Délices** !
Tout a la forme de desserts magiques !
De quoi bien s'amuser !

Où est **Moshi Fraise** ?

Où est **Moshi Super** ?

Cherche aussi d'autres Moshi !

Oh, tu as la tête qui tourne, **Moshi Étoile** !

Ces glaces sont-elles bonnes, **Moshi Anges** ?

Avec ton amoureux, c'est le grand bonheur, **Moshi Pois** !

Moshi Mignon, tu es enfin amoureux !

Où vas-tu avec cette carotte, **Moshi Cuisinier** ?

Moshi Fraise arrive au **Château Carotte.**
Beaucoup de Moshi portent des capes.
Moshi Super est-il parmi eux ?

Où est **Moshi Fraise** ?

Où est **Moshi Super** ?

Cherche aussi d'autres Moshi !

Que tu es bien habillée, **Moshi Princesse** !

Moshi Trèfle, pourquoi es-tu si étonnée ?

Tu me prêtes ton tapis volant, **Moshi Indien** ?

C'est l'heure du biberon, **Moshi Petit Prince** !

Qui a commandé ce jus de fruits, **Moshi Serveuse** ?

Moshi Fraise n'a toujours pas trouvé **Moshi Super**. Elle s'arrête au **Café Fraise**, où elle a donné rendez-vous à des amis.

Où est **Moshi Fraise** ?

Où est **Moshi Super** ?

Cherche aussi d'autres Moshi !

Comme ce
bébé est mignon,
Moshi Cerise !

Fais attention
Moshi Carreau,
tu pourrais tomber !

Quelle délicieuse
glace à la carotte,
Moshi Doudou !

Merci pour
ton aide,
Moshi Chinois !

Où t'en vas-tu
si vite,
Moshi Bolide ?

Moshi Fraise se rend sur le circuit où la **course folle** a commencé. **Moshi Super** y participe. Mais... que se passe-t-il ? On dirait un accident !

Où est **Moshi Fraise** ?

Où est **Moshi Super** ?

Cherche aussi d'autres Moshi !

Courage, **Moshi Robot** ! Vas-y !

Moshi Avion, étend tes ailes et à toi de jouer !

Encore un effort, **Moshi Fusée** ! Tu es près du but !

Moshi Bus, tu as encore une chance !

Dépêche-toi, **Moshi Ambulance**, c'est urgent !

COURSES FOLLES
DÉPART

Moshi Ambulance transporte le blessé à l'**Hôpital des Moshi**. Soudain, **Moshi Labyrinthe** apparaît à nouveau et barre le passage. Il faut aller très vite !

Impossible d'atteindre l'hôpital sans passer par le labyrinthe !

Hôpital + des

Inquiète, et toujours à la recherche de **Moshi Super**, **Moshi Fraise** se rend à l'**hôpital des Moshi**...

Où est **Moshi Fraise** ?

Où est **Moshi Super** ?

Cherche aussi d'autres Moshi !

Moshi

Oh, **Moshi Blessé**, tu as eu plus de peur que de mal !

Tu sembles heureuse avec tes amis, **Moshi Fleur** !

Alors, **Moshi Maternelle**, on joue gentiment ?

Comment vas-tu, **Moshi Lycéenne** ?

Que fais-tu avec cet éventail, **Moshi Arabesque** ?

Ce soir, la **Fête de la Montagne d'où l'on contemple la Lune** illumine la nuit. **Moshi Fraise** va-t-elle enfin retrouver **Moshi Super** ?

Où est **Moshi Fraise** ?

Où est **Moshi Super** ?

Cherche aussi d'autres Moshi !

Moshi Girafe,
aimes-tu ces boulettes
de pâte de riz ?

Comme tu
danses bien,
Moshi Hérisson !

Que regardes-tu,
Moshi Poisson ?

Tu t'amuses
à la fête,
Moshi Panda ?

Surtout, éclaire
bien la nuit,
Moshi Luciole !

Cherche encore et encore.

Il y a d'autres Moshi à chercher. Regarde une nouvelle fois chaque scène pour essayer de les trouver.

Lui, c'est **Moshi Oyaji**.

Voici quelques indices

pour suivre son histoire tout au long des scènes.

La Forêt des Champignons — La Mer des Sirènes — Le Moshi Labyrinthe — Le Parc des Délices — Le Château Carotte — Le Café Fraise — La Course Folle — Le retour de Moshi Labyrinthe — L'hôpital des Moshi — La Montagne d'où l'on contemple la Lune

Cherche encore...

des Moshi et des objets Moshi.

Dans La Forêt des Champignons

Dans La Mer des Sirènes